PENGUIN BOOKS

Mi Revalueshanary Fren

Linton Kwesi Johnson was born in Chapelton, Jamaica, in 1952. He left Jamaica in 1963 to join his mother, who had emigrated to London two years before, and went to Tulse Hill Comprehensive in Brixton. He joined the Black Panthers and organized a poetry workshop within the movement. He entered Goldsmith's College, University of London, in 1973, and studied sociology. His first volume of poems, *Voices of the Living and the Dead*, appeared in 1974. His landmark second volume, *Dread Beat an' Blood* (1975), was recorded, and a film of the same name was made by the BBC as a documentary of a young poet in the making. His poems, which use Caribbean dialect and the rhythms of reggae and dub, are a powerful voice of disaffected dissent and radical politics. In 1977 he was awarded the Cecil Day Lewis Fellowship as a writer in residence in the London Borough of Lambeth. He went on to the Keskidee Arts Centre as a Library Resources and Education Officer. His other volumes and albums of poems include *Forces of Victory* (1979), *Bass Culture* (1980), *Inglan is a Bitch* (1980), *Making History* (1984), *Tings an' Times* (1991) and *More Time* (1998). Linton Kwesi Johnson continues to perform internationally and his work has been translated into Italian and German. He also has his own record label, LKJ Records, and his own music publishing company, LKJ Music Publishers.

Fred D'Aguiar's poetry and fiction is published by Chatto & Windus and Vintage. His most recent books a *Bloodlines*, and *New & Selected P* 2001 respectively. He was born in left London at the age of two, gre to London when he was twelve. various US colleges and universit of English at the University of Mia poetry and creative writing.

LINTON KWESI JOHNSON

Mi Revalueshanary Fren

Selected Poems

PENGUIN BOOKS

PENGUIN BOOKS

Published by the Penguin Group
Penguin Books Ltd, 80 Strand, London WC2R ORL, England
Penguin Putnam Inc., 375 Hudson Street, New York, New York 10014, USA
Penguin Books Australia Ltd, 250 Camberwell Road, Camberwell, Victoria 3124, Australia
Penguin Books Canada Ltd, 10 Alcorn Avenue, Toronto, Ontario, Canada M4V 3B2
Penguin Books India (P) Ltd, 11 Community Centre, Panchsheel Park, New Delhi – 110 017, India
Penguin Books (NZ) Ltd, Cnr Rosedale and Airborne Roads, Albany, Auckland, New Zealand
Penguin Books (South Africa) (Pty) Ltd, 24 Sturdee Avenue, Rosebank 2196, South Africa

Penguin Books Ltd, Registered Offices: 80 Strand, London WC2R ORL, England

www.penguin.com

This collection first published 2002
1

Typeset in 10/13pt Minion
Typeset by Rowland Phototypesetting Ltd, Bury St Edmunds, Suffolk
Printed in England by Clays Ltd, St Ives plc

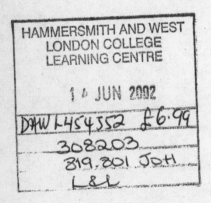

To my mother

Contents

INTRODUCTION

Chanting Down Babylon

I first heard Linton Kwesi Johnson perform in 1975 at Goldsmith's College. The audience included south-east London locals like myself, college students, academics and people who actually remember the sixties, and thus it can properly be described as varied. What struck me then and now, as I look back across a gap of more than a quarter of a century was Linton's wide appeal. His appeared to be a poetry of inclusion, popular and broad based in the best sense of these terms, speaking a truth that cut across race and cultural differences in a form that people from a variety of backgrounds found irresistible.

By then the characteristics of vintage LKJ were in place: the burgeoning goatee, the trilby, the serious expression, the gravelly voice and deep monotone delivery, the chant and mantra style, all proved mesmerising. He sometimes rocked with the rhythm by bending his body forward a little and shifting his weight from his left to his right foot and back again, all this between stanzas as the musical interlude took over. And his audience rocked with him too, applauded, whistled, stood and called for more – more of his passion for politics, his commitment to local, national and international issues of social justice, the moral imperative informing the poems, the tension generated by his performance, the provocation of feeling and thought in his audience, the memorable nature of it all.

Black and white youth in south London in 1975 gravitated towards reggae produced in Jamaica and exported as 45s to record shops in Peckham, Deptford, Lewisham, Brixton, Ladbroke Grove and other Meccas for black Caribbean life. The slow and repetitive bass line of reggae music from that era invited DJs to launch their verbal gymnastics on the instrumental B-sides of 45s. DJ talk ranged from encomiums to potential lovers who needed just a little more persuasion before they gave it up, to political tracks about the Rastafarian's struggle for survival in the land of the bald heads, as all agents of capitalism were dubbed.

Homegrown, that is, British, reggae bands began to emerge at the same time, for example, the enduring Birmingham-based reggae band Steel Pulse and London's Aswad. But for authenticity, apart from the yearly fixture of Europe's biggest street party, the Notting Hill carnival, all eyes and ears were trained on the Jamaican imports. Those imports brought us not only Jamaican life but also, in addition and by extension, all Caribbean life and its concerns in a raw state of play. Sound systems in a battery of huge speakers and powerful amplifiers performed at private parties and nightclubs and promulgated the most recent imported 45s and, later, 12-inch releases.

The lyrics talked of far away struggles, the MPLA in Mozambique and the fight against apartheid. But we viewed it all as one struggle, one mind roving the globe for issues that might unify black people flung worldwide by the 500-year-long system of slavery. Marcus Garvey freed black people's minds from a slave mentality early in the twentieth century and restored the glory of Africa to blacks lost in the Diaspora, slavery's aftermath – thus chanted the reggae DJs. And we believed it at least for as long as the musical accompaniment lasted.

The improvised work of DJs sounded like the best kind of verbal invention: heavily indebted to rhythm and rhyme, socially and politically aware, memorable and wedded to song. The lyrics told it like it was. They left no room for ambiguity, though the approach to a subject ranged from distanced and ironic to metaphorical and laconic. If on some occasions they employed outright scorn and derision then the targets were often the very deserving – lying politicians or bigoted police – who they handled on other occasions with the pristine gloves of metaphorical conceit. The DJs never failed to be didactic and eye-opening; they proselytized and won over with argument and information, not to mention a foot-tapping, head-shaking, spine-twisting drum and bass.

*

By the time Linton came along it all made perfect sense: a poet based in London talking about London obsessions in the same loved format. Most of us knew Britain better than any other place, but a few youths arrived here in their early teens with a foundation in a Caribbean aesthetic of calypso and reggae. The Mighty Sparrow's calypsos hailing out of Trinidad vied for airtime with Louise Bennett's sing-along stories of Jamaican folk culture composed mostly in comic quatrains. LKJ's dub poetry spoke to the heart of the British experience of inner-city black youths. But, above all, Johnson's was an original poetic form rooted in Caribbean oral culture, his influences ranging from Kamau Brathwaite (Barbados), Amie Cesaire (Martinique), Chritopher Okigbo (Nigeria), and the Last Poets (USA).

Another aspect of youth culture found in Linton's poetry is the preoccupation with socialist principles and ideals. Linton tracked inequality and chanted for the rights of the individual even as his work captured exactly the spirit of youth frustration and ambition and confusion. The wide appeal of the work seemed to be this coalition of a call for fair play on the political level with an accurate rendition of the mood among young people on the psychological level.

LKJ's poetry in obedience to these ideological, cultural and psychological influences maintains a reggae rhythm and a regular iambic mostly tetrameter line-beat. More often than not his lines begin with a trochee and the poems sustain a rhyme scheme locked to a few rhyming sounds, same word sounds or word endings, rather like the ballad, the sestina or villanelle. His poetry is an epicure of this familiar metre and rhyme served up into a reggae rhythm. LKJ's English language, seasoned by Jamaican creole, extends the range of the poet's palate with a certain directness, viscosity and muscularity of creole verb forms and compound words.

LKJ's poems about politics dramatize the black struggle in Britain so that straightforward propaganda is garnished with striking imagery and phrasing and elevated into memorable poetry. The politics includes international concerns, so no myopia there. This set of principles is not represented by any state system and is more a state of mind, a will towards an eradication of poverty and a disarming of despotic authority.

His eulogies often show his technique best. He indemnifies personality while simultaneously situating that life in its times so that the poem is both a praise song of the person and a stocktake of the times that shaped that person's life. When he writes about the death of his father in 'Reggae fi Dada', the poem is simultaneously an evocation of Jamaica's manners and mores. The individual never stands alone but represents society in ways poetry can take the measure of. Linton's work chants back to life the conscience of a society put to sleep by a politics of greed.

His appeal and influence on a generation of writers has to do with this sense of a moral intelligence at work. In a genre famous for producing cornucopias of over-privatized, over-aestheticized, precious navel-gazers, practitioners of poetry who actually believe they can fruitfully disengage from society and create a space on the planet free of the gravitational pull of politics, LKJ's presence is an ethical compass. His influence on me is political and ethical, then inevitably aesthetic. I loved his chants and rhythms then (still do) and they spurred me on to write, but not like him; I could not then, I cannot now. His lyrics direct me to poetry as a force to be reckoned with in society and as something my life cannot do without.

Rather than seeing the event poems as only issue-based, as simply traceable to key moments in the black experience and socialist struggles of the seventies, eighties and nineties, a reader of or listener to LKJ should go for the *feel* LKJ shows for those times. His poetry captures the tension of that era like no other writing coming out of the poetry community. He represents a cluster of emotions geared to black life, youth experience in the inner cities and international socialism. The listener is encouraged always to think, but that thinking is full of fellow feeling. For these reasons the poetry is in the expression. Organized around rhythm and rhyme, imagery and phrasing, rhetoric is yoked into art.

Irony and humour not usually associated with protest politics often figure in LKJ's poems. He pokes fun at poetic careers and ambition, and is ironic about the benevolent capacity of powerful rule from above. His ironic outlook and occasional humour add complexity to his moral and ethical vision.

Then there is LKJ the dreamer, another facet of his poetic persona. Here he presents a dream landscape severed from known cartography and consigned to description understood as the imagination clearing space for itself and emotion expressed as fantasy. A string of images lines up for the reader and listener and represents the artistic persona doomed to loneliness and isolation because of a need for a contemplative space not always tied to social responsibility though always measured by it.

Over the more than twenty-five years of his publishing and recording there has been a deepening complexity of thought and a broadening range of output. The music has kept pace with this philosophical and aesthetic maturing. Reggae rhythms, sophisticated by melody, regularly play with calypso, ska and dub variations. Frequently it includes beautiful horn and string arrangements.

Politics, so often the nemesis of poetry, becomes in LKJ a muse, an organizing principle, an ethical foundation and vibe for his sound. LKJ's socialism, indebted to his urban London experience and the community-based politics of radical black groups of the day, also took on an international dimension. As he involved himself in local struggles, mostly against police brutality and extreme right-wing thugs, he read widely on the struggles of blacks in the USA and the the Caribbean and of the African independence movements. The poetry often displays this domestic and international nexus.

He achieves a double mission in his poetry, as a defender of Britain's black working class and as the foremost critic of recalcitrant elements in some aspects of youth behaviour. His poems are the conscience of the country, since he tests the civility of the nation by its capacity to co-exist with the other: those who are in it but thought to be not of it. His call is universal in that he assembles a community of writers drawn from all corners of the globe under the equalizing rubric of equality and justice for all. These ideals, which were true during the French and American revolutions and in a radical lineage of poetry that runs from Swift to Shelley to Clare, remain as true today though banished from the political arena and confined to the arts of the imagination. Even there they appear unfashionable among many contemporary artists who profess to shun ideology in art. Artists who retreat to an aestheticized corner of the planet merely create the illusion in the body politic of having escaped the earth's gravitational pull. They surrender hard-won moral and ethical ground to the global rule of boardrooms, committees and bullies. They subscribe unwittingly to the commodification of the imagination. This deluded retreat from responsibility and into selfish privilege in contemporary letters adds a crucial recuperative dimension to LKJ's poems. We are lucky to have them collected here for us to quote and memorize; we can remind ourselves of a world where art retains its dual function of pleasure and amelioration.

Let us sing and dance to the expression of the age-old ideals with LKJ, their principal exponent in poetry as song, poetry as public address, poetry as memory, poetry as chant, spell, mantra, prayer, agenda, list of priorities, sounding board, sauciness, curse, elegy, melody, summons, soul, funk, liturgy, conscience, guttural poetry, hymnal poetry, poetry that declaims, proclaims and inflames, poetry as agitation and cogitation.

Fred D'Aguiar
2001

I

Five Nights of Bleeding

Seventies Verse

Yout Scene

last satdey
I nevah deh pan no faam,
so I decide fi tek a walk
doun a Brixton
an see wha gwaan.

di bredrin dem stan-up
outside a Hip City,[1]
as usual, a look pretty;
dem a lawf big lawf
dem a talk dread talk
dem a shuv an shuffle dem feet,
soakin in de sweet musical beat.

but when nite come
policeman run dem dung;
beat dem dung a grung,
kick dem ass,
sen dem paas justice
to prison walls of gloom.

but di breddah dem a scank;
dem naw rab bank;
is pakit dem a pick
an is woman dem a lick
an is run dem a run when di wicked come.

---

1. Desmond's Hip City: a popular record shop in the 1960s and 1970s for Jamaican music, on Atlantic Road, Brixton.

Double Scank

I woz jus about fi move fahwod,
tek a walk tru di markit,
an sus de satdey scene—
yu know whe a mean—
when I site breddah Buzza
bappin in style
comin doun FRONT LINE.

him site a likkle sistah
him move fi pull a scank
but she soon sus him out
seh him dont in her rank;

soh when shame reach him,
him pap a smile,
scratch him chin,
but di sistah couda si tru him grin:
breddah Buzza coudn do a single ting.

'Hail, Buzza!' I greet him.
'Love!' him greet I back.
'I a look a money, Buzza;
come fahwod wid some dunny.'

di breddah seh him bruk
him seh him naw wok
him seh him woman a breed
him seh him dont even hav a stick a weed.

but I site diffrant:
di bookie man jus done tek him fi a ride!

Dread Beat an Blood

brothers an sisters rocking
a dread beat pulsing fire burning

chocolate hour an darkness creeping night

black veiled night is weeping
electric lights consoling   night

a small hall soaked in smoke
a house of ganja mist

music blazing sounding thumping fire   blood
brothers an sisters rocking stopping rocking
music breaking out bleeding out thumping out fire   burning

electric hour of the red bulb
staining the brain with a blood flow
an a bad bad thing is brewing

ganja crawling, creeping to the brain
cold lights hurting breaking hurting
fire in the head an a dread beat bleeding beating fire   dread

rocks rolling over hearts leaping wild
rage rising out of the heat an the hurt
an a fist curled in anger reaches a her
then flash of a blade from another to a him
leaps out for a dig of a flesh of a piece of skin
an blood bitterness exploding fire wailing blood and bleeding

Five Nights of Bleeding

(for Leroy Harris[1])

1

madness . . . madness . . .
madness tight on the heads of the rebels
the bitterness erupts like a hot-blast
                                        broke glass
rituals of blood on the burning
served by a cruel in-fighting
five nights of horror an of bleeding
                                        broke glass
cold blades as sharp as the eyes of hate
an the stabbings
it's war amongst the rebels
madness . . . madness . . . war.

2

night number one was in brixton
soprano B sound system
was a beating out a rhythm with a fire
coming doun his reggae-reggae wire
it was a soun shaking doun your spinal column
a bad music tearing up your flesh
an the rebels them start a fighting
the yout them jus turn wild
it's war amongst the rebels
madness . . . madness . . . war.

---

1. A victim of internecine violence.

3

night number two doun at shepherd's[2]
right up railton road
it was a night named Friday
when everyone was high on brew
or drew a pound or two worth a kally
soun coming doun neville king's music iron
the rhythm jus bubbling an back-firing
raging an rising, then suddenly the music cut
steel blade drinking blood in darkness
it's war amongst the rebels
madness . . . madness . . . war.

4

night number three
over the river
right outside the rainbow[3]
inside james brown was screaming soul
outside the rebels were freezing cold
babylonian tyrants descended
pounced on the brothers who were bold
so with a flick
of the wrist
a jab an a stab
the song of blades was sounded
the bile of oppresson was vomited
an two policemen wounded
righteous righteous war.

5

night number four at a blues dance
                    a blues dance

---

2. Railton Road Methodist Youth Club, named after the first youth leader.
3. A former music venue in Finsbury Park, London.

two rooms packed an the pressure pushing up
hot. hot heads. ritual of blood in a blues dance
                                broke glass
splintering fire, axes, blades, brain-blast
rebellion rushing doun the wrong road
storm blowing doun the wrong tree
an leroy bleeds near death on the fourth night
                                in a blues dance
on a black rebellious night
it's war amongst the rebels
madness . . . madness . . . war.

6

night number five at the telegraph[4]
vengeance walked through the doors
so slow
so smooth
so tight an ripe an smash!
                        broke glass
a bottle finds a head
an the shell of the fire-hurt cracks
the victim feels fear
            finds hands
            holds knife
            finds throat
o the stabbings an the bleeding an the blood
it's war amongst the rebels
madness . . . madness . . . war.

---

4. A public bar on Brixton Hill where reggae was played in the early 1970s.

Street 66

di room woz dark-dusk howlin softly
six-a-clack,
charcoal lite defying site woz
movin black;
di soun woz muzik mellow steady flow,
an man-son mind jus mystic red,
green, red, green . . . pure scene.

no man would dance but leap an shake
dat shock tru feelin ripe;
shape dat soun tumblin doun
makin movement ruff enough;
cause when di muzik met I taps,
I felt di sting, knew di shock,
yea had to do an ride di rock.

outta dis rock
shall come
a greenah riddim
even more dread
dan what
di breeze of glory bread.
vibratin violence
is how wi move
rockin wid green riddim
di drout
an dry root out.

di mitey poet I-Roy[1] woz on di wire,
Western did a scank an each one lawf:
him feelin irie, dread I.
'Street 66,' di said man said,
'any policeman come yah
will get some righteous raas klaat licks,
yea man, whole heap a kicks.'

hours beat di scene movin rite
when all of a sudden
bam bam bam a knockin pan di door.
'Who's dat?' asked Western feelin rite.
'Open up! It's the police! Open up!'
'What address do you want?'
'Number sixty-six! Come on, open up!'
Western feelin high reply:
'Yes, dis is Street 66;
step rite in an tek some licks.'

---

1. Jamaican reggae rapper popular during the 1970s.

All Wi Doin is Defendin

war . . . war . . .
mi seh lissen
oppressin man
hear what I say if yu can
wi have
a grevious blow fi blow

wi will fite yu in di street wid we han
wi hav a plan
soh lissen man
get ready fi tek some blows

doze days
of di truncheon
an doze nites
of melancholy locked in a cell
doze hours of torture touchin hell
doze blows dat caused my heart to swell
were well
numbered
and are now
at an end

all wi doin
is defendin
soh get yu ready
fi war . . . war . . .
freedom is a very firm thing

all oppression
can do is bring
passion to di heights of eruption
an songs of fire wi will sing

no . . . no . . .
noh run
yu did soun yu siren
an is war now
war . . . war . . .

di Special Patrol[1]
will fall
like a wall force doun
or a toun turn to dus
even dow dem think dem bold
wi know dem cold like ice wid fear
an wi is fire!
choose yu weapon dem
quick!
all wi need is bakkles an bricks an sticks
wi hav fist
wi hav feet
wi carry dandamite in wi teeth

sen fi di riot squad
quick!
cause wi runin wild
wi bittah like bile
blood will guide
their way
an I say

---

1. Semi-military British police unit.

all wi doin
is defendin
soh set yu ready
fi war . . . war . . .
freedom is a very fine thing

Bass Culture

(for Big Yout[1])

1

muzik of blood
black reared
pain rooted
heart geared

all tensed up
in di bubble an di bounce
an di leap an di weight-drop

it is di beat of di heart
this pulsing of blood
that is a bubblin bass
a bad bad beat
pushin gainst di wall
whe bar black blood

an is a whole heappa
passion a gather
like a frightful form
like a righteous harm
giving off wild like is madness

2

bad out deh

---

1. Jamaican reggae rapper/DJ popular during the 1970s.

3

hattah dan di hites of fire
livin heat doun volcano core
is di cultural wave a dread people deal

spirits riled
an rise an rail thunda-wise
latent powah
in a form resemblin madness
like violence is di show
burstin outta slave shackle
look ya! boun fi harm di wicked

4

man feel
him hurt confirm
man site
destruction all aroun
man turn
love still confirm
him destiny a shine lite-wise
soh life tek the form whe shif from calm
an hold di way of a deadly storm

5

culture pulsin
high temperature blood
swingin anger
shattering di tightened hold
the false fold
round flesh whe wail freedom
bittah cause a blues
cause a maggot suffering
cause a blood klaat pressure
yet still breedin love
far more mellow

than di soun of shapes
chanting loudly

6

SCATTA-MATTA-SHATTA-SHACK!
what a beat!

7

for di time is nigh
when passion gather high
when di beat jus lash
when di wall mus smash
an di beat will shif
as di culture alltah
when oppression scatah

Reggae Sounds

Shock-black bubble-doun-beat bouncing
rock-wise tumble-doun sound music;
foot-drop find drum, blood story,
bass history is a moving
                    is a hurting black story.

Thunda from a bass drum sounding
lightening from a trumpet and a organ,
bass and rhythm and trumpet double-up,
team-up with drums for a deep doun searching.

Rhythm of a tropical electrical storm
(cooled doun to the pace of the struggle),
flame-rhythm of historically yearning
flame-rhythm of the time of turning,
measuring the time for bombs and for burning.

Slow drop. make stop. move forward.
dig doun to the root of the pain;
shape it into violence for the people,
they will know what to do, they will do it.

Shock-black bubble-doun-beat bouncing
rock-wise tumble-doun sound music;
foot-drop find drum, blood story,
bass history is a moving
                    is a hurting black story.

Come Wi Goh Dung Deh

come wi goh dung deh
mek wi tek a ride dung deh
come wi goh dung deh
mek wi fahwod dung deh
gonna bandituppa bandituppa bandituppa . . .

come wi goh dung deh

di people dem a bawl
fi food dung deh
dem cant get noh food
but food dung deh

di people dem a bawl
fi work dung deh
dem cant get noh work
but work dung deh

di people dem a bawl
fi sheltah dung deh
dem cant get a room
but palace dung deh

di people dem a bawl
fi mercy dung deh
dem cant get noh mercy
mercy noh dung deh . . .

come wi goh dung deh
mek wi tek a stride dung deh
come wi goh dung deh

mek wi fahwod dung deh
gonna badituppa badituppa badituppa . . .

come wi goh dung deh

di people dem a fite
fi work dung deh
di people dem a fite
one anadah dung deh

di people dem a fite
fi stay alive dung deh
di people dem a fite
fi dem rites dung deh

di people dem a fite
oppreshan dung deh
di people dem a fite
fi dem life dung deh

di people dem a fite
fi suvive deng deh
di people dem a fite
dem a fite dung deh

soh come wi goh dung deh
mek wi mek a stap dung deh
soh come wi goh dung deh
mek wi fahwod dung deh
gonna badituppa badituppa badituppa . . .

come wi goh dung deh!

Song of Blood

I trod di day
all di way
an ride di nite
clutchin site
movin sway
searchin lite . . .

there's a glow on the hill, way over yonder
there's the blast of the guns down below

I screw di sun
jus fi fun
paint di moon blue
spiritually true
mystically spun
perpetually new . . .

there are robbers in the gullies, on the streets
there are wicked men sitting in the seats of judgement

I check di stars
all di scars
dat wound an heal
di dread I feel
di dread I star
di dark I seal . . .

there's a sign in the flash that slashes the nite
there's the sound of the drums poundin blood gushin down

I hurt di pain
again an again
hole di sting
an mek it sing
an mek it pain
an mek it ring . . .

there are sufferers with guns movin breeze through the trees
there are people waging war in the heat and hunger of the
streets.

Yout Rebels

a bran new breed of blacks
have now emerged,
leadin on the rough scene,
breakin away
takin the day,
sayin to capital nevah
movin fahwod evah.

they can only be
new in age
but not in rage,
not needin
the soft and
shallow councilin
of the soot-brained
sage in chain;
wreckin thin-shelled words
movin always fahwod.

young blood
yout rebels:
new shapes
shapin
new patterns
creatin new links
linkin
blood risin surely
carvin a new path,
movin fahwod to freedom.

Time Come

it soon come
it soon come
look out! look out! look out!

fruit soon ripe
fi tek wi bite,
strength soon come
fi wi fling wi mite.

it soon come
it soon come
look out! look out! look out!

wi feel bad
wi look sad
wi smoke weed
an if yu eye sharp,
read de vialence inna wi eye;
wi goin smash de sky wid wi bad bad blood
look out! look out! look out!

it soon come
it soon come:
is di shadow walkin behind yu
is I stan-up rite before yu;
        look out!

but it too late now:
I did warn yu.

when yu fling mi inna prison
    I did warn yu
when yu kill Oluwale[1]
    I did warn yu
when yu beat Joshua Francis[2]
    I did warn yu
when you pick pan de Panthers[3]
    I did warn yu
when yu jack mi up gense di wall
                    I didnt bawl,
  but I did warn yu.

now yu si fire burning in mi eye,
smell badness pan mi bret
feel vialence, vialence,
burstin outta mi;
    look out!
it too late now:
I did warn yu.

---

1. Nigerian vagrant hounded to death by Leeds police officers.
2. Jamaican worker badly beaten by Brixton police officers in the early 1970s.
3. British Black Power organization with branches in London. Active in late 1960s and early 1970s.

It Dread inna Inglan

(for George Lindo[1])

dem frame-up George Lindo
up in Bradford Toun
but di Bradford Blacks
dem a rally roun

mi seh dem frame-up George Lindo
up in Bradford Toun
but di Bradford Blacks
dem a rally roun . . .

Maggi Tatcha on di go
wid a racist show
but a she haffi go
kaw,
rite now,
African
Asian
West Indian
an Black British
stan firm inna Inglan
inna disya time yah
far noh mattah wat dey say,
come wat may,
we are here to stay
inna Inglan,
inna disya time yah . . .

---

1. Jamaican worker living in Bradford who was wrongfully convicted of armed robbery.

George Lindo
him is a working man
George Lindo
him is a family man
George Lindo
him nevah do no wrang
George Lindo
di innocent one
George Lindo
him noh carry no daggah
George Lindo
him is nat no rabbah
George Lindo
dem haffi let him go
George Lindo
dem bettah free him now!

Sonny's Lettah

(Anti-Sus[1] Poem)

> Brixtan Prison
> Jebb Avenue
> Landan south-west two
> Inglan

Dear Mama,
Good Day.
I hope dat wen
deze few lines reach yu,
they may find yu in di bes af helt.

Mama,
I really dont know how fi tell yu dis,
cause I did mek a salim pramis
fi tek care a likkle Jim
an try mi bes fi look out fi him.

Mama,
I really did try mi bes,
but nondiles
mi sarry fi tell yu seh
poor likkle Jim get arres.

It woz di miggle a di rush howah
wen evrybady jus a hosel an a bosel
fi goh home fi dem evenin showah;
mi an Jim stan-up

---

1. Sus, short for 'suspicion': the Vagrancy Act, a revived piece of nineteenth-century legislation that led to disproportionate arrests of black youths. Repealed 2000.

waitin pan a bus,
nat cauzin no fus,
wen all af a sudden
a police van pull-up.

Out jump tree policeman,
di hole a dem carryin batan.
Dem waak straight up to mi an Jim.

One a dem hol awn to Jim
seh him tekin him in;
Jim tell him fi let goh a him
far him noh dhu notn
an him naw teef,
nat even a butn.
Jim start to wriggle
Di police start to giggle.

Mama,
mek I tell yu whe dem dhu to Jim
Mama,
mek I tell yu whe dem dhu to him:

dem tump him in him belly
an it turn to jelly
dem lick him pan him back
an him rib get pap
dem lick him pan him hed
but it tuff like led
dem kick him in him seed
an it started to bleed

Mama,
I jus coudn stan-up deh
an noh dhu notn:

soh mi jook one in him eye
an him started to cry
mi tump one in him mout
an him started to shout
mi kick one pan him shin
an him started to spin
mi tump him pan him chin
an him drap pan a bin

an crash
an ded.

Mama,
more policeman come dung
an beat mi to di grung;
dem charge Jim fi sus,
dem charge mi fi murdah.

Mama,
dont fret,
dont get depres
an doun-hearted.
Be af good courage
till I hear fram you.

I remain
your son,
Sonny.

It Noh Funny

people sayin dis
people sayin dat
bout di yout af today
how dem carryin on a way
an it noh funny
it noh funny

dem wi' tek chance
fi get a likkle kile[1]
dem wi' tek chance
fi live-it-up a while
dem wi' tek chance
fi live-it-up in style
dem wi' tek chance
fi goh jump an prance
dem wi' tek chance
far dem love blues dance
dem wi' tek chance
an dem don't count di cauce

people sayin dis
people sayin dat
bout di yout af today
how dem cauzin affray
an it noh funny
it noh funny

---

1. A wad of money.

dem wi' tek chance
an dem love cuss raas
dem wi' tek chance
dem wi' skip dem claas
dem wi' tek chance
fi goh pap a likkle style
dem wi' tek chance
dem dhu it all di while
dem wi' tek chance
but some a dem laas
dem wi' tek chance
an dem don't count di cauce

people sayin dis
people sayin dat
bout di yout af today
bout di way dem stay
an it noh funny
it noh funny

dem wi' tek chance
fi get a likkle kally[2]
dem wi' tek chance
wid yu likkle sistah Sally
dem wi' tek chance
far dem feel dem force
dem wi' tek chance
but dem gat no course
dem wi' tek chance
but dem is nat advanced
dem wi' tek chance
an dem don't count di cauce

---

2. Marijuana.

people sayin dis
people sayin dat
bout di yout at today
how dem really stay
an it noh funny
no sah, it noh funny.

Want fi Goh Rave

I woz
waakin doun di road
di adah day
when I hear a likkle yout-man say

him seh:
yu noh si mi situation
mi dont have noh acamadaeshan
mi haffi sign awn at di stayshan
at six in di evenin
mi seh mi life gat noh meanin
I jus livin widout feelin

still
mi haffi mek a raze[1]
kaw mi come af age
an mi want fi goh rave

I woz
waakin doun di road
anadah day
wen I hear anadah yout-man say

him seh:
mi naw wok fi noh pittance
mi naw draw dem assistance
mi use to run a likkle rackit

---

1. 'mek a raze': get money.

but wha, di police dem di stap it
an I had woz to hap it

still
mi haffi mek a raze
kaw mi come af age
an mi want fi goh rave

I woz
waakin doun di road
yet anadah day
wen I hear anadah yout-man say

him seh:
mi haffi pick a packit
tek a wallit fram a jackit
mi haffi dhu it real crabit[2]
an if a lackit mi haffi pap it
an if a safe mi haffi crack it
ar chap it wid mi hatchit
but
mi haffi mek a raze
kaw mi come af age
an mi want fi goh rave

---

2. 'crabit': greedily.

Reality Poem

dis is di age af reality
but some a wi a deal wid mitalagy
dis is di age af science an teknalagy
but some a wi a check fi antiquity

wen wi can't face reality
wi leggo wi clarity
some latch awn to vanity
some hol insanity
some get vision
start preach relijan
but dem can't mek decishan
wen it come to wi fite
dem can't mek decishan
wen it comes to wi rites

man,
dis is di age af reality
but some a wi a deal wid mitalagy
dis is di age af science an teknalagy
but some a wi a check fi antiquity

dem one deh gaan outta line
dem naw live in fi wi time
far dem seh dem get sign
an dem bline dem eye
to di lite a di worl
an gaan search widin
di dark a dem doom

an a shout bout sin
instead a fite fi win

man,
dis is di age af reality
but some a wi a deal wid mitalagy
dis is di age af science an teknalagy
but some a wi a check fi antiquity

dis is di age af decishan
soh mek wi leggo relijan
dis is di age af decishan
soh mek wi leggo divishan
dis is di age af reality
soh mek wi leggo mitalagy
dis is di age af science an teknalagy
mek wi hol di clarity
mek wi hol di clarity

Forces of Victri

*(for Race Today Renegades and the Carnival Development
Committee)*

we're di forces af victri
an wi comin rite through
we're di forces af victri
now wat yu gonna do

wi mek a likkle date
fi nineteen-seventy-eight
an wi fite an wi fite
an defeat di State
den all a wi jus fahwod
up to Not'n' Hill Gate
den all a wi jus fahwod
up to Not'n' Hill Gate

we're di forces af victri
an wi comin rite through
we're di forces af victri
now wat yu gonna do

wi dressed in red
an wi feelin dread
wi dressed in green
an wi feelin mean
wi dressed in purple
an wi dressed in yellow
wi dressed in blue
an wi comin rite through

we're di forces af victri
an wi comin rite through

we're di forces af victri
now wat yu gonna do

wi comin wid wi army
soh dont yu get bawmy
wi comin wid wi plane
it gonna drive yu insane
wi comin wid wi guns
an wi mekin wi rouns
wi comin wid wi tank
an Babylon get vank[1]

we're di forces af victri
an wi comin rite through
we're di forces af victri
now wat yu gonna do

beg yu call a physician
fi di poor opposition
dem gat no ammunition
an dem gat no position
beg yu call a physician
fi di poor opposition
dem gat no ammunition
an dem gat no position

we're di forces af victri
an wi comin rite through
we're di forces af victri
now wat yu gonna do!

---

1. 'vank': defeated.

Inglan is a Bitch

wen mi jus come to Landan toun
mi use to work pan di andahgroun
but workin pan di andahgroun
yu dont get fi know your way aroun

Inglan is a bitch
dere's no escapin it
Inglan is a bitch
dere's no runin whe fram it

mi get a likkle jab in a big otell
an awftah a while, mi woz doin quite well
dem staat mi awf as a dish-washah
but wen mi tek a stack, mi noh tun clack-watchah!

Inglan is a bitch
dere's no escapin it
Inglan is a bitch
noh baddah try fi hide fram it

wen dem gi you di likkle wage packit
fus dem rab it wid dem big tax rackit
yu haffi struggle fi mek enz meet
an wen yu goh a yu bed yu jus cant sleep

Inglan is a bitch
dere's no escapin it
Inglan is a bitch fi true
a noh lie mi a tell, a true

mi use to work dig ditch wen it cowl noh bitch
mi did strang like a mule, but, bwoy, mi did fool
den awftah a while mi jus stap dhu owevahtime
den awftah a while mi jus phu dung mi tool

Inglan is a bitch
dere's no escapin it
Inglan is a bitch
yu haffi know how fi suvive in it

well mi dhu day wok an mi dhu nite wok
mi dhu clean wok an mi dhu dutty wok
dem seh dat black man is very lazy
but if yu si how mi wok yu woodah seh mi crazy

Inglan is a bitch
dere's no escapin it
Inglan is a bitch
yu bettah face up to it

dem have a likkle facktri up inna Brackly
inna disya facktri all dem dhu is pack crackry
fi di laas fifteen years dem get mi laybah
now awftah fifteen years mi fall out a fayvah

Inglan is a bitch
dere's no escapin it
Inglan is a bitch
dere's no runin whe fram it

mi know dem have wok, wok in abundant
yet still, dem mek mi redundant
now, at fifty-five mi getin quite ole
yet still, dem sen mi fi goh draw dole

Inlgan is a bitch
dere's no escapin it
Inglan is a bitch fi true
is whe wi a goh dhu bout it?

II

Mi Revalueshanary Fren

Eighties Verse

Story

wance upan a time
jus like inna nursery rime
before piggy tun swine

mi did wear
mi fear
pan mi face
like a shiel
like a mawsk

an evrybady tink mi cool an deadly

notn yu couda seh
woodah mek mi tek it awf
an if yu get mi nervos
ah woulda jus lawf it awf

an evrybady tink mi cool an deadly

but nat soh lang ago
jus like inna pitcha show
whe di hero get a blow
mi spirit get vex
an mi get soh resless
dat mi get careless
an goh bare mi mawgah[1] chess

---

1. Emaciated.

mi nevah eendah tink seh
dat it mek out a glass
dat di whole wide worl couda si
rite dung to di vien inna mi awt

how dem twis-up
how dem tie-up
how dem tite-up
o mi awt
how it cut-up
how it craw-up
how it scar-up

(it is a aad awt fi mawstah yu know
dis smilin an skinin yu teet
wen yu awt swell-up soh till yu feel it a goh bus
wen yu cyaan fine di rime fi fit di beat
wen yu cyaan fine de ansah fi di puzzle complete)

soh now mi tek awf mi mawsk
an staat fi wear daak glaas
but evry so awftin
mi haffi tek it awf
an evry nowanden
wi fine mi laas

oonu evah
si mi trial
si mi crawsiz?

Reggae fi Radni

(to the memory of Walter Rodney[1])

yu noh si how di cloud
dem jus come satta pan mi dream
sit upon mi dream
like a daak silk screen
a daak silk screen
owevah di vizshan I ad seen
di vizshan I ad seen
di vizshan I ad seen . . .

some may say dat Waltah Radni
woz a victim af hate
some wi seh dat him gaan
through heaven's gate
some wi seh dat Waltah Radni
shoodn tek-up histri weight
an goh carry it pan him back
like him did wear him anarack

but look how di cloud
dem jus come satta pan mi dream
sit upon mi dream
like a shout ar a scream
a shout ar a scream
ar a really ugly scene
dat awake mi fram di dream
an alert mi to di scheme . . .

---

1. Radical Guyanese historian, author and political activist, leader of the Working People's Alliance in Guyana. Assassinated in June 1980 when a bomb was detonated by remote control.

some may say dat Waltah Radni
woz a prizinah af fate
some wi seh dat him gaan
through di heroes gate
some wi seh dat Waltah Radni
coudn tek histri weight
soh him tek it awf him back
an goh put it pan him lap
an goh fall in a trap
an soh Burnham[2] get e drap

yu noh si how mi dream
come jus get blown to smidahreen
blown to smidahreen
inna di miggle a di dream
di miggle a di dream
before di people dem come een
di people dem come een
di people dem come een . . .

some may say dat Waltah Radni
woz noh shaak fi di sea
an all dat him did want
woz fi set him people free
wid di workaz an di pezants
him shooda kawpahrate
but like a fish to di ook
him goh bite pan Burnham bait

but look how mi dream
come just get blown to smidahreen
blown to smidahreen
inna di miggle a di dream

---

2. Forbes Burnham, paramount leader of the ruling PNC government in Guyana
between 1964 and 1985.

di miggle a di dream
before di really crucial scene
di really crucial scene is
wen di people dem come een . . .

Reggae fi Dada

galang dada
galang gwaan yaw sah
yu nevah ad noh life fi live
jus di wan life fi give
yu did yu time pan ert
yu nevah get yu jus dizert
galang goh smile inna di sun
galang goh satta inna di palace af peace

o di waatah
it soh deep
di waatah
it soh daak
an it full a hawbah shaak

di lan is like a rack
slowly shattahrin to san
sinkin in a sea af calimity
where fear breed shadows
dat lurks in di daak
where people fraid fi waak
fraid fi tink fraid fi taak
where di present is haunted by di paas

a deh soh mi bawn
get fi know bout staam
learn fi cling to di dawn
an wen mi hear mi daddy sick
mi quickly pack mi grip an tek a trip

mi nevah have noh time
wen mi reach
fi si noh sunny beach
wen mi reach
jus people a live in shack
people livin back-to-back
mongst cackroach an rat
mongst dirt an dizeez
subjek to terrorist attack
political intrigue
kanstant grief
an noh sign af relief

o di grass
turn brown
soh many trees
cut doun
an di lan is owevahgrown
fram country to toun
is jus tissel an tawn
inna di woun a di poor
is a miracle how dem endure

di pain nite an day
di stench af decay
di glarin sights
di guarded affluence
di arrogant vices
cowl eyes af kantemp
di mackin symbals af independence

a deh soh mi bawn
get fi know bout staam
learn fi cling to di dawn
an wen di news reach mi

seh mi wan daddy ded
mi ketch a plane quick

an wen mi reach mi sunny isle
it woz di same ole style
di money well dry
di bullits dem a fly
plenty innocent a die
many rivahs run dry
ganja planes flyin high
di poor man him a try
yu tink a likkle try him try
holdin awn bye an bye
wen a dallah cyaan buy
a likkle dinnah fi a fly

galang dada
galang gwaan yaw sah
yu nevah ad noh life fi live
jus di wan life fi give
yu did yu time pan ert
yu nevah get yu jus dizert
galang goh smile inna di sun
galang goh satta inna di palace af peace

mi know yu coudn tek it dada
di anguish an di pain
di suffarin di prablems di strain
di strugglin in vain
fi mek two enz meet
soh dat dem pickney couda get
a likkle someting fi eat
fi put cloaz pan dem back
fi put shoes pan dem feet
wen a dallah cyaan buy
a likkle dinnah fi a fly

mi know yu try dada
yu fite a good fite
but di dice dem did loaded
an di card pack fix
yet still yu reach fifty-six
before yu lose yu leg wicket
'a noh yu bawn grung here'
soh wi bury yu a Stranger's Burying Groun[1]
near to mhum an cousin Daris
nat far fram di quarry
doun a August Town[2]

1. A cemetery.
2. District in St Andrews, Jamaica.

New Craas Massakah[1]

(to the memory of the fourteen dead)

first di comin
an di goin
in an out af di pawty

di dubbin
an di rubbin
an di rackin to di riddim

di dancin
an di scankin
an di pawty really swingin

den di crash
an di bang
an di flames staat fi trang

di heat
an di smoke
an di people staat fi choke

di screamin
an di cryin
an di diein in di fyah . . .

wi did know seh it couda happn
yu know – anytime, anywhe

---

1. New Cross Massacre, also sometimes referred to as the Deptford Fire. A racially motivated arson attack at Yvonne Ruddock's sixteenth birthday party on 18 January 1981, which resulted in the deaths of fourteen young blacks with twenty-six seriously injured.

far dont it happn to wi
an di Asians dem aready?
but in spite a all dat
evrybady woz still shack
wen wi get di cowl facks
bout dat brutal attack
wen wi fine out bout di fyah owevah New Craas
bout di innocent life dem whe laas
bout di physically scard
di mentally mard
an dem relatives who tek it soh aad
an yu know, aldow plenty people woz surprised

fi know seh dem kine a ting deh
couda happn to wi
inna disya Great Britn
inna Landan tiddey
and a few get frightn
an a few get subdue
almost evrybady ad to sympahtise
wid di love wans of di inju an di ded
far disya massakah mek wi come fi realise
it couda be mi
it couda be yu
ar wan a fi wi pickney dem
who fell victim to di terrah by nite

but wait
yu noh remembah
how di whole a black Britn did rack wid grief
how di whole a black Britn tun a melancally blue
nat di passible blue af di murdarah's eyes
but like di smoke af gloom on dat cowl sundey mawnin

but stap
yu noh remembah

how di whole a black Britn did rack wid rage
how di whole a black Britn tun a fiery red
nat di callous red af di killah's eyes
but red wid rage like di flames af di fyah

first di lawfin
an di taakin
an di stylin in di pawty

di movin
an a groovin
an a dancin to di disco

di jokin
an di jivin
an di joy af di pawty

den di panic
an di pushin
an di borin through di fyah

di runnin
an di jumpin
and di flames dem risin highah

di weepin
an di moanin
o di harrow af di fyah . . .

is a hellava someting fi true yu know
wat a terrible price wi haffi pay dow, mah
jus fi live a likkle life
jus fi struggle fi suvive
evryday is jus worries an struggle an strife
imagine, soh much young people
cut awf before dem prime
before di twilite a dem time

widout reazn nar rhyme
kyastin dis shadow af gloom owevah wi life

look how di police an di press
try dem despahret bes
fi put a stap to wi ques fi di trute
yu membah? fus dem seh it could be arson
den dem seh parhaps nat
fus dem seh a fyah-bam
den dem seh maybe nat
dem imply it couda white
dem imply it couda black
who rispance fi di attack
gense doze innocent young blacks

instead a raisin di alaam
mek di public know wha gwaan
plenty paypah print pure lie
fi bline joe public eye
and di police dem plat an scheme
canfuse an canceal
mi hear seh
even di poor payrence af di ded dem try fi use
but yu know
in spite a dem wicked prapahghanda
wi refuse fi surrendah
to dem ugly innuendoh
far up till now
nat wan a dem
needah Stakwell,[2] needah Wilson nar Bell[3]
nat wan a dem can tell wi why

---

2. Commander Stockwell, police officer in charge of the investigation into the New Cross/Deptford Fire.

3. Wilson and Bell were other police officers involved with the investigation.

nat wan a dem can tell wi who
who tun dat nite af joy into a mawnin af sarrow
who tun di jallity into a ugly trajedy

first di comin
an di goin
in an out af di pawty

di dubbin
an a rubbin
an a rackin to di riddim

di dancin
an di scankin
an di pawty really swingin

di lawfin
an di taakin
an di stylin in di pawty

di movin
an a groovin
an di dancin to di disco

di jokin
an di jivin
an di joy af di pawty

den di crash
an di bang
an di flames staat fi trang

di heat
an di smoke
an di people staat fi choke

di screamin
an di cryin
an di diein in di fyah

di panic
an di pushin
an di borin through di fyah

di runnin
an di jumpin
an di flames dem risin highah

di weepin
an di moanin
o di harrow af di fyah

Di Great Insohreckshan

it woz in april nineteen eighty wan
doun inna di ghetto af Brixtan
dat di babylan dem cauz such a frickshan
dat it bring about a great insohreckshan
an it spread all owevah di naeshan
it woz truly an historical occayshan

it woz event af di year
an I wish I ad been dere
wen wi run riat all owevah Brixtan
wen wi mash-up plenty police van
wen wi mash-up di wicked wan plan
wen wi mash-up di Swamp Eighty Wan[1]
fi wha?
fi mek di rulah dem andastan
dat wi naw tek noh more a dem oppreshan

an wen mi check out di ghetto grape vine
fi fine out all I couda fine
evry rebel jusa revel in dem story
dem a taak bout di powah an di glory
dem a taak bout di burnin an di lootin
dem a taak bout di smashin an di grabin
dem a tell mi bout di vanquish an di victri

dem seh di babylan dem went too far
soh wi ad woz fi bun two cyar

---

1. Swamp 81: code name for Brixton police stop-and-search operation in 1981.

an wan an two innocent get mar
but wha
noh soh it goh sometime inna war ein star
noh soh it goh sometime inna war?

dem seh wi bun dung di George[2]
wi couda bun di lanlaad
wi bun dung di George
wi nevah bun di lanlaad
wen wi run riat all owevah Brixtan
wen wi mash-up plenty police van
wen wi mash-up di wicked wan plan
wen wi mash-up di Swamp Eighty Wan

dem seh wi comandeer cyar
an wi ghadah ammunishan
wi bill wi baricade
an di wicked ketch afraid
wi sen out wi scout
fi goh fine dem whereabout
den wi faam-up wi passi
an wi mek wi raid

well now dem run gaan plan countah-ackshan
but di plastic bullit an di waatah cannan
will bring a blam-blam
will bring a blam-blam
nevah mine Scarman[3]
will bring a blam-blam

---

2. The George: a public house on Railton Road, Brixton, with a reputation for racist attitudes.
3. Lord Scarman headed the public enquiry into the 1981 Brixton Riots.

Beacon of Hope

(for John La Rose[1])

luminous pyrophorus
in latin letters
cucujos in Mexico?
in english candle fly

the sun fades slowly
behind the distant hill
falls
beyond
today's
horizon
signals the twilight of your dawn

welcome peeni waali fire fly
fine fluorescent gift of night

tonight you will illuminate the path of dreams
like glow-worms of the northern climes
your flashing fluorescence
are eyes of light
flashing sparks
that pierce the dark
of my moonless starless tropical night

welcome nocturnal friend
I name you beacon of hope

---

1. Friend and mentor of LKJ; founder of New Beacon Books; political and cultural activist; poet, writer and thinker.

tonight fear fades to oblivion
as you guide us beyond the stars
to a new horizon

tomorrow a stranger will enter
my hut my cave my cool cavern of gloom
I will give him bread
he will bring good news from afar
I will give him water
he will bring a gift of light

Mekin Histri

now tell mi someting
mistah govahment man
tell mi someting

how lang yu really feel
yu couda keep wi andah heel
wen di trute done reveal
bout how yu grab an steal
bout how yu mek yu crooked deal
mek yu crooked deal?

well doun in Soutall
where Peach[1] did get fall
di Asians dem faam-up a human wall
an dem show dat di Asians gat plenty zeal
                        gat plenty zeal
                        gat plenty zeal

it is noh mistri
wi mekin histri
it is noh mistri
wi winnin victri

now tell mi someting
mistah police spokesman
tell mi someting

---

1. Blair Peach, an Anti-Nazi League member who was killed by the Special Patrol
Group on an anti-fascist rally in Southall, London, in 1979.

how lang yu really tink
wi woodah tek yu batn lick
yu jackboot kick
yu dutty bag a tricks
an yu racist pallytics
yu racist pallytics?

well doun in Bristal
dey ad noh pistal
but dem chace di babylan away
man yu shooda si yu babylan
how dem really run away
yu shooda si yu babylan dem dig-up dat day
                            dig-up dat day
                            dig-up dat day

it is noh mistri
wi mekin histri
it is noh mistri
wi winnin victri

now tell mi someting
mistah ritewing man
tell mi someting

how lang yu really feel
wi woodah grovel an squeal
wen soh much murdah canceal
wen wi woun cyaan heal
wen wi feel di way wi feel
feel di way wi feel?

well dere woz Toxteth
an dere woz Moss Side
an a lat a adah places
whe di police ad to hide
well dere woz Brixtan

an dere woz Chapeltoun
an a lat a adah place dat woz burnt to di groun
                              burnt to di groun
                              burnt to di groun

it is noh mistri
wi mekin histri
it is noh mistri
wi winnin victri

Mi Revalueshanary Fren

mi revalueshanary fren is nat di same agen
yu know fram wen?
fram di masses shattah silence—
staat fi grumble
fram pawty paramoncy tek a tumble
fram Hungary to Poelan to Romania
fram di cozy kyawsl dem staat fi crumble
wen wi buck-up wananada in a reaznin
mi fren always en up pan di same ting
dis is di sang him love fi sing:

Kaydar[1]
e ad to go
Zhivkov[2]
e ad to go
Husak[3]
e ad to go
Honnicka[4]
e ad to go
Chowcheskhu[5]
e ad to go
jus like apartied
will av to go

---

1. Kadar – last communist leader of Hungary.
2. Last communist leader of Bulgaria.
3. Last communist leader of Czechoslovakia.
4. Honecker – last communist leader of East Germany.
5. Ceausescu – last communist leader of Romania.

awhile agoh mi fren an mi woz taakin
soh mi seh to him:

wat a way di ert a run nowadays, man
it gettin aadah by di day
fi know whe yu stan
cauz wen yu tink yu deh pan salid dry lan
wen yu tek a stack yu fine yu inna quick-san
yu noh notice how di lanscape a shif
is like valcanoe andah it an notn cyaan stap it
cauz tings jusa bubble an a bwoil doun below
strata separate an refole
an wen yu tink yu reach di mountain tap
is a bran-new platow yu goh buck-up

mi revalueshanary fren shake him hed an him sigh
dis woz him reply:

Kaydar
e ad to go
Zhivkov
e ad to go
Husak
e ad to go
Honnicka
e ad to go
Chowcheskhu
e ad to go
jus like apartied
will av to go

well mi nevah did satisfy wid wat mi fren mek reply
an fi get a deepah meanin in di reaznin
mi seh to him:

well awrite
soh Garby gi di people dem glashnas

an it poze di Stallinist dem plenty prablem
soh Garby leggo peristrika pan dem
canfoundin bureacratic strategems
but wi haffi face up to di cowl facks
him also open up pandora's bax
yes, people powah jus a showah evry howah
an evrybady claim dem demacratic
but some a wolf an some a sheep
an dat is prablematic
noh tings like dat yu woodah call dialectic?

mi revalueshanary fren pauz awhile an him smile
den him look mi in mi eye an reply:

Kaydar
e ad to go
Zhivkov
e ad to go
Husak
e ad to go
Honnicka
e ad to go
Chowcheskhu
e ad to go
jus like apartied
will av to go

well mi coudn elabarate
plus it woz gettin kinda late
soh in spite a mi lack af andastandin
bout di meanin a di changes
in di east fi di wes, nondiles
an alldow mi av mi rezavaeshans
bout di cansiquenses an implicaeshans
espehshally fi black libahraeshan
to bring di reaznin to a canclueshan

I ad woz to agree wid mi fren
hopin dat wen wi meet up wance agen
wi couda av a more fulah canvahsaeshan

soh mi seh to him, yu know wat?
him seh wat? mi seh:

Kaydar
e ad to go
Zhivkov
e ad to go
Husak
e ad to go
Honnicka
e ad to go
Chowcheskhu
e ad to go
jus like apartied
soon gaan

Sense Outta Nansense

di innocent an di fool could paas fi twin
but haas a haas
an mule a mule
mawgah[1] mean mawgah
it noh mean slim

yet di two a dem in camman share someting

dem is awftin canfused an get used
dem is awftin criticised an campramised
dem is awftin villified an reviled
dem is awftin foun guilty widout being tried

wan ting set di two a dem far apawt dow
di innocent wi hawbah dout
check tings out
an maybe fine out
but di fool
cho . . .

di innocent an di fool could paas fi twin
but like a like
an love a love
a pidgin is a pidgin
an a dove is a dove

yet di two a dem in camman share someting

---

1. Emaciated.

dem is awftin anticipated an laywaited
dem is awftin patronised an penalised
dem is awftin pacified an isolated
dem is awftin castigated an implicated

wan ting set di two a dem far apawt dow
di innocent wi hawbah dout
check tings out
an maybe fine out
but di fool
cho . . .

di innocent an di fool could paas fi twin
but rat a rat
an mouse a mouse
flea a flea
an louse a louse

yet di two a dem in camman share someting

dem is awftin decried an denied
dem is awftin ridiculed an doungraded
dem is sometimes kangratulated an celebrated
dem is sometimes suprised an elated
but as yu mite have already guess
dem is awftin foun wantin more or less

dus spoke di wizen wans of ole
dis is a story nevah told

Di Good Life

(to the memory of C. L. R. James[1] & John Holness[2])

sowshalism
    is a wise ole shephad
him suvive tru flood
    tru drout
    tru blizad

some people seh
him a two hundred an add years ole
adah people seh
notn noh goh soh
dat him a jus seventy add years ole
some seh him is a ghost
some seh him is a sage
but nohbady noh really know
him riteful age ar whe him come fram

fateful is him flack
fram di ewe to di ram to di lam
rite tru tick an tin
dem mostly cling to him
awftah all
noh him guide an sheltah an proteck dem?
(somtime a dem haffi proteck him dow
like how a dem haffi proteck him now)

---

1. Trinidadian radical Marxist thinker, activist, cricket commentator and author.
2. Jamaican architect, Marxist, friend of Agustino Neto, leader of the Angolan liberation struggle.

look how im stretch out pan im back
pan di brown grass
di white hair pan him branze hed
like a kushan gense di weepin willow tree
lookin bedraggled an tin
like seh life done wid him
like seh him is totally at peace widin
noh baddah goh feel sarry fi him
ar goh tink poor ting
nat a ting noh dhu him

all dat really happn
is dat due to di heat a di time
like likkle bwoy blue him drap asleep
an a dream bout likkle bow peep

an wan an two a him flack dem drif a way
while di adah ism dem
jus a watch an a peep
jus a crawl an a creep
an noh baddah ask if dem naw mek fun
fi canfuse an cansume all di stray dem

but evryting is jus fi a time
soon di flack wi tek a stack an surmise
how far fram di fole dem a stray
wen dem site how di pack jus a staak dem
dem wi come back togedah wance agen
an shephad di sage to a highah groun
whichpawt di grass is greenah an sweetah
whichpawt di breeze blow is like a balm
whichpawt di stream run quietah an coolah
whichpawt life can be pleasant can be calm

Tings an Times

duped
doped
demaralized

dizzied
dazed
traumatized

blinded by resplendent lite af love
dazzled by di firmament af freedam
him coudn deteck deceit
all wen it kick him in him teet
him coudn cry khorupshan
an believe inna man
him nevah know bout cleek
him did umble him did meek
him nevah know intrigue
him nevah inna dat deh league
him nevah did andastan
dat an di road to sowshalism
yu could buck-up nepotism
him wife dangerous
him breddah tretcherous
an him kozn very vicious

duped
doped
demaralized

dizzied
dazed
traumatized

now like a fragile fragment af lite
trapped inna di belly a di daak nite
like a bline man stupified an dazed
last an alone in a mystical maze

fi days
   upan
     days
   upan
  days
   upan
     days
watch him driftin craas di oweshan af life
widout ruddah nar hankah nar sail
fi days
   upan
     days
   upan
  days
   upan
     days
call him flatsam af di tides a di times
if yu like
laas inna di labahrint af life
if yu like

duped
doped
demaralized

dizzied
dazed
paralized

ship-wreck gense di sans af di tides a di times
meditatin pan di bad ole days
face doun pan di gleamin seashore
nat soh certn nat soh sure like before
di salt a di sea pan di san inna him eye
an him would gi it back
if him could cry
di soun a di surge a di sea
harmonize wid di swayin bamboo trees
an him brains jus a tick
all kine a tauts now inna it
like dem despahret days af defiance
wen young rebels did a fite gense oppreshan
wen young rebels did a fling fyah-bam
wem dem march wid dem bannahs raised
chantin freedam chantin justice chantin blood an fyah
wen nuff crucial trail did a blaze
tekin di struggle to a highah stage

duped
doped
demaralized

dizzied
dazed
paralized

now wash-up
wet-up an
mash-up
him raise-up

katch-up
an sit-up
wid him han pan him jaw
an him hed a heng doun
a kansidah how young rebels get ole how
some sell dem soul
some get left out in di cowl
some get elevate
some get depreciate
some tun miggle claas
some a gamble race haas
some a try fi live clean
some get vicious an mean
some plague wid dout
some still a tuff it out
wan an two a fite di struggle in dem hed
lead di leadaless inna dem hed
win di revalueshan in dem hed
all a tun prime ministah in dem hed

duped
doped
demaralized

dizzied
dazed
traumatized

now him wandahrin pandahrin kansidahrin
posin all kine a riddle to himself like
now dat wi come out a di wan room dem
an time an fawchune been some a wi fren
now dat wi gat wi council flat
an wi dis an wi dat
wi collah tee vee an all di mad con

now dat wi create some space
an nuff a wi own a likkle place
now dat wi gat wi mp an wi black jp
blacks pan di radio
blacks pan tee vee
wi sir an wi laad an wi mbe
a figat wi figat ar a it dat?
do wi need anadah moses
fi tek wi craas di sea
an seh gwaan waak craas
oonu free oonu free
as wi entah di twenty-first century
ar wi lang paas dat deh era dat deh stage
an is each an evrywan who haffi rise now
fi meet di dawnin af a diffrant age?

him woz wandahrin pandahrin kansidahrin
wen him hear a vice like di win seh, cho
a jus tings an times
wandahs an sines
but noh get mystic
be realistic
an him near a nex vice like di sea seh
somtimes di pungent owedah af decay
signal seh bran new life deh pan di way

III

New Word Hawdah

Nineties Verse

Seasons of the Heart

Beguiled
by blue moon
O enchanting light

we lost our way
like lovers sometime do
searching wide-eyed
for wild flowers
in the 'fragrant forest of the night'

now memories
slowly drift on by
like grey clouds
against a sombre winter sky
and all our yesterdays are now become
the springtime of our days

life is the greatest teacher
love is the lesson to be learnt
like how the heart's seasons shift
how the sweet smelling blossoms of spring
are soon become the icy arrows of winter's sting
how spring intoxicated by the sun
now throws off her green gown
and summer's golden smile is soon become
the frown of autumn's brown
how passion spent we droop like sapless vines
in the winter of our minds

Hurricane Blues

langtime lovah
mi mine run pan yu all di while
an mi membah how fus time
di two a wi come een – it did seem
like two shallow likkle snakin stream
mawchin mapless hapless a galang
tru di ruggid lanscape a di awt sang

an a soh wi did a gwaan
sohtil dat fateful day
awftah di pashan a di hurricane
furdah dan imaginaeshan ar dream
wi fine wiself lay-dung pan di same bedrack
flowin now togedah as wan stream
ridin sublime tru love lavish terrain
lush an green an brite awftah di rain
shimmarin wid glittahrin eyes
glowin in di glare a di smilin sun

langtime lovah
mi feel blue fi true wen mi tink bout yu
blue like di sky lingahrin pramis af rain
in di leakin lite in di hush af a evenin twilite
wen mi membah how fus time
di two wi come een – it did seem
like a lang lang rivah dat is wide an deep

somtime wi woz silent like di langwidge a rackstone
somtime wi woodah sing wi rivah sang as wi a wine a galang
somtime wi jus cool an caam andah plenty shady tree

somtime sawfly lappin bamboo root as dem swing an sway
somtime cascadin carefree doun a steep gully bank
somtime turbulent in tempament wi flood wi bank
but weddah ebb ar flow tru rain tru drout
wi nevah stray far fram love rigid route

ole-time sweet-awt
up til now mi still cyaan andastan
ow wi get bag doun inna somuch silt an san
rackstone debri lag-jam
sohtil wi ad woz fi flow wi separet pawt
now traversin di tarrid terrain a love lanscape
runnin fram di polueshan af a cantrite awt
mi lang fi di marvelous miracle a hurricane
fi carry mi goh a meet in stream agen
lamentin mi saltid fate
sohmizin seh it too late

More Time

wi mawchin out di ole towards di new centri
arm wid di new teknalagy
wi gettin more an more producktivity
some seh tings lookin-up fi prasperity
but if evrywan goin get a share dis time
ole mentality mus get lef behine

wi want di shatah workin day
gi wi di shatah workin week
langah holiday
wi need decent pay

more time fi leasure
more time fi pleasure
more time fi edificaeshun
more time fi reckreashan
more time fi contemplate
more time fi ruminate
more time fi relate
more time
wi need
more
time
gi wi more time

a full time dem abalish unemployment
an revalueshanize laybah deployment
a full time dem banish owevahtime
mek evrybady get a wok dis time

wi need a highah quality a livity
wi need it now an fi evrybady

wi need di shatah workin year
gi wi di shatah workin life
more time fi di huzban
more time fi di wife
more time fi di children
more time fi wi fren dem
more time fi meditate
more time fi create
more time fi livin
more time fi life
more time
wi need more time
gi wi more time

Reggae fi Bernard[1]

wi nevah come fram di same blood-line
but wi pawt kriss-krass an jine
an alldow wid wananada
wi wozn dat familiah
all di same
wi woz family

dats why mi a beg pawdn an tek dis libahty
an pudung a couple rime to yu memari

it come een like
a jus di adah day yu lef school
an jine di railway
wid nuff ambishan an a fewcha plan
yu wozn drawin big pay
but yu woz well an yu way
an jus wen yu ready fi staat
fi goh choo-choo choo-boogie
train cut yu journey
shaat

di day yu get yu laas send-awf
fram yu bawn-groun
before dem fly yu bady
doun to jamdoun
di sun stay away fram work dat day

---

1. Bernard Burnett, LKJ's nephew by marriage, who died in January 1995,
mysteriously hit by a train whilst standing on a platform at a railway station in
Clapham, London, talking on his cellular phone.

an di slate grey january day
a sing a silent dirge
az daak clouds daat
inna diffrant direckshan
callide an canverge
merge an re-emerge
inna blustah a emoeshan
inna di church grey sky
an di rain it a fall inna squal
like tear-tip arrows
piercin di awt a di mounah dem

di baptis church
it full-up to di brim
                    owevah-flow
                            pan di steps to di street
                            langtime-noh-si family an fren
                            meet an greet
                            taakin bout yu hayst retreat
inside mounful vices a sing
dem familiah bittah-sweet hym
an it is well
it is well
wid yu soul

rude boyz bruk doun in tears
mini skirted girls weep an wail
dere's a passi a black an white workaz
fram british rail
yu caleeg dem fram yu shaat workin years

an dere woz testimony awftah testimony
fram yu age mate dem
punctuated by spantaneous aplauz
bout how yu did tall an slim an good lookin
wid yu lang chin an yu captivatin grin

bout yu kinenes
bout yu carin
bout yu tautfulnes
bout how big an ow broad in love yu woz

up to now wi still noh get noh prapah explanaeshan
no witnis at di stayshan no police investigaeshan
as to how yu get fi en up pan di wrang side a di track
how yu face get fi tun fram front to back
an a who yu did a taak to pan yu mobile
dem jus call it hacksident an close yu file

jamdoun woz yu tru dream i-lan
noh deh soh yu did a plan
fi mek yu final destinaeshan
now yu dream come tru an yu touch doun
hashis to hashis
dus to dus
inna Sent Elizebet sile

Reggae fi May Ayim[1]

it weard how life wid det kyan canspyah
fi shattah di awts most fragile diziah
how histri an byagrafi kyan plat gense yu
an dem 'angst' an dem 'anomie' gang-up pon yu

afro-german warrior woman
from hamburg via bremen
den finally
berlin

it woz in di dazzlin atmosfare
a di black radical bookfair
dat mi site yu
sweet sistah
brite-eyed like hope
like a young antelope
who couda cope

wid di daily deflowahin a di spirit
wid di evryday erowshan a di soul

two passin clouds you and I
inna di dezert a di sky
exchaingin vaypah

---

1. Mixed-race German poet; womanist; cultural and political activist in the Black-German movement based in Berlin in the early 1990s. She committed suicide in August 1996, while recovering from a nervous breakdown, after she was diagnosed as suffering from multiple sclerosis.

but in di commerc a di awt
woz it fair trade in regret
in love an lawftah?

mi nevah know
mi coudn tell
mi shooda site seh

tru all di learnin
    di teachin
      rizistin
      an assistin
      di lovin
      di givin
      organizin
      an difyin

dat di kaizah a darkness
did kyapcha yu awt
dat di laas time mi si yu
would be di laas time mi si yu
dat you woz free
fallin screamin
terteen stanzahs doun
yu final poem in blood pan di groun
dat soh sudden dat soh soon
you woodah fly out
pon a wan way tickit to ghana
gaan ketch up wid you paas
mongst yu ancestaz

wi give tanks
fi di life
yu share wid wi
wi give tanks
fi di lite

yu shine pon wi
wi give tanks
fi di love
yu showah pon wi
wi give tanks
fi yu memari

If I Woz a Tap-Natch Poet

'dub poetry has been described as . . . "over-compensation for
deprivation" '
Oxford Companion to Twentieth-Century Poetry

'mostofthestraighteningisinthetongue'
Bongo Jerry[1]

if I woz a tap-natch poet
like Chris Okigbo[2]
Derek Walcot
ar T. S. Eliot

I woodah write a poem
soh dyam deep
dat it bittah-sweet
like a precious
memari
whe mek yu weep
whe mek yu feel incomplete

like wen yu lovah leave
an dow defeat yu kanseed
still yu beg an yu plead
till yu win a repreve
an yu ready fi rack steady
but di muzik done aready

---

1. Pioneering Jamaican rastafarian poet.
2. Nigerian poet who died in the Secessionist war of the 1960s.

still
inna di meantime
wid mi riddim
wid mi rime
wid mi ruff base line
wid mi own sense a time

goon poet haffi step in line
caw Bootahlazy³ mite a gat couple touzan
but Mandela fi him
touzans a touzans a touzans a touzans

if I woz a tap-natch poet
like Kamau Brathwaite⁴
Martin Carter⁵
Jayne Cortez ar Amiri Baraka⁶

I woodah write a poem
soh rude
an rootsy
an subversive
dat it mek di goon poet
tun white wid envy

like a candhumble/voodoo/kumina⁷ chant
a ole time calypso ar a slave song
dat get ban
but fram granny

---

3. Chief Buthalezi, Chief of the Zulus during the anti-apartheid struggle in South Africa, militantly opposed to the African National Congress that was led by Nelson Mandela.

4. Barbadian poet and historian, cultural theorist and activist who transformed post-colonial Caribbean verse.

5. Guyanese poet and politician.

6. Afro-American blues/jazz poets.

7. Afro-Christian religious cults in Brazil, Haiti and Jamaica.

                         rite
                         dung
                         to
                         gran
                         pickney
each an evry wan
can recite dat-deh wan

still
inna di meantime
wid mi riddim
wid mi rime
wid mi ruff base line
wid mi own sense a time

goon poet haffi step in line
caw Bootahlazy mite a gat couple touzan
but Mandela fi him
touzans a touzans a touzans a touzans

if I woz a tap-natch poet
like Tchikaya U'tamsi[8]
Nicholas Guillen[9]
ar Lorna Goodison[10]

I woodah write a poem
soh beautiful dat it simple
like a plain girl
wid good brains
an nice ways
wid a sexy dispozishan
an plenty compahshan

---

8. Surrealist Congolese poet.
9. Afro-Cuban poet who transformed Cuban poetry by appropriating the rhythms of the son.
10. Celebrated Jamaican poet.

wid a sweet smile
an a suttle style

still
mi naw goh bow an scrape
an gwaan like a ape
peddlin noh puerile parchment af etnicity
wid ongle a vaig fleetin hint af hawtenticity
like a black Lance Percival[11] in reverse
ar even worse
a babblin bafoon whe looze im tongue

no sah
nat atall
mi gat mi riddim
mi gat mi rime
mi gat mi ruff base line
mi gat mi own sense a time

goon poet bettah step in line
caw Bootahlazy mite a gat couple touzan
but Mandela fi him
touzans a touzans a touzans a touzans

---

11. English comic actor and recording artist popular in the 1960s.

Liesense fi Kill

Somtime mi tink mi co-workah crazy
di way Kristeen woodah gwaan jokey-jokey
den a nex time now a no-nonsense stance
di way she wine-dung di place laas krismus dance
di way she love fi taak bout conspirahcy

mi an Kristeen inna di canteen a taak
bout di det a black people inna custidy
how nat a cat mek meow ar a dyam daag baak
how nohbady high-up inna society
can awfah explaneashan nar remidy

wen Kristeen nit-up her brow
like seh a rhow shi agoh rhow
screw-up her face
like seh a trace shi agoh trace
hear her now:

yu tink a jus hem-high-five an James Ban
an polece an solja owevah nawt highalan wan
wen it come to black people Winstan
some polece inna Inglan got liesense fi kill
well notn Kristeen seh suprize mi still
but hear mi now:

whe yu mean Kristeen
a who tell yu dat
a mussi waan idiat
yu cyaan prove dat

a who tell mi fi goh seh dat

Kristeen kiss her teet
an shi cut mi wid her yeye
an shi seh yu waan proof

yu cyaan awsk Clinton McCurbin[1]
bout him haxfixiashan
an yu cyaan awsk Joy Gardner[2]
bout her sufficaeshan
yu cyaan awsk Colin Roach[3]
if him really shoot himself
an yu cyaan awsk Vincent Graham[4]
if a him stab himself
but yu can awsk di Commishinah[5]
bout di liesense fi kill
awsk Sir Paul Condon
bout di liesense fi kill

yu cyaan awsk di Douglas[6] dem
bout di new style batan
an you cyaan awsk Tunay Hassan[7]
bout him det by niglect
yu cyaan awsk Marlon Downes[8]
if him hav any regret
an yu cyaan awsk El Gammal[9]
bout di mistri a him det

---

1. Died in police custody in 1987 whilst being restrained.
2. Died in chains in police custody in 1993 during deportation proceedings.
3. Allegedly shot himself in a police station in 1983.
4. Allegedly stabbed himself to death in a police station in 1989.
5. Sir Paul Condon, Head of the Metropolitan Police until 2000.
6. Brian Douglas and Wayne Douglas, both victims of police force in 1995.
7. Victim of police neglect, died in police custody in 1987.
8. Allegedly committed suicide in police custody in 1997.
9. Ahmed el Gammal died mysteriously in police custody in 1996.

but yu can awsk Dame Barbara[10]
bout di liesense fi kill
awsk di DPP[11]
bout di liesense fi kill

yu cyaan awsk Ibrahima[12]
bout di CS gas attack
an yu cyaan awsk Missis Jarrett[13]
ow shi get her awt-attack
yu cyaan awsk Oliver Price[14]
bout di grip roun him nek
an yu cyaan awsk Steve Boyce[15]
bout him det by niglec
but yu can awsk di PCA[16]
bout di liesense fi kill
awsk di ACPO[17]
bout di liesense fi kill

yu fi awsk Maggi Tatcha
bout di liesense fi kill
yu can awsk Jan Mayja
bout di liesense fi kill
yu fi awsk Mykal Howad
bout di liesense fi kill
an yu can awsk Jak Straw
bout di rule af law

10. Dame Barbara Mills, Director of Public Prosecutions, 1992–8. Left her post early before what was seen as an unfavorable inquiry into the Crown Prosecution Service.

11. Director of Public Prosecutions.

12. Ibrahima Sey, died in police custody in 1996.

13. Cynthia Jarrett, who died of a heart attack in 1985 as a result of a police raid on her home.

14. Died in police custody.

15. Died in police custody.

16. Police Complaints Authority.

17. Association of Chief Police Officers.

yu fi awsk Tony Blare
if him is aware ar if him care
bout di liesense fi kill
dat plenty polece feel dem gat

Somtime mi tink mi co-workah crazy
di way Kristeen woodah gwaan jokey-jokey
den a nex time now a no-nonsense stance
di way she wine-dung di place laas krismus dance
di way she love fi taak bout conspirahcy

New Word Hawdah

di killahs a Kigale[1]
mus be sanitary workaz
di butchaz a Butare[2]
mus be sanitary workaz
di savajiz a Shatila[3]
mus be sanitary workaz
di beasts a Boznia
mus be sanitary workaz
pra-pram-pram
inna di new word hawdah

like a dutty ole bandige
pan di festahrin face a umanity
ole hawdah anravel an reveal
ole scar jus a bruk out inna new sore
primeval woun dat time wone heal
an in di hainshent currency of blood
tribal tyrants a seckle de score

di killahs a Kigale
mus be sanitary workaz
di butchaz a Butare
mus be sanitary workaz

---

1. Region in central Rwanda where Hutus carried out genocide against Tutsis in 1994.
2. Region in southern Rwanda where Hutus carried out genocide against Tutsis in 1994.
3. Palestinian refugee camp where refugees were butchered by Phalangist Christian militia in Lebanon in 1982. The area was under the control of the government of Israel at the time.

di savajiz a Shatila
mus be sanitary workaz
di beasts a Boznia
mus be sanitary workaz
pra-pram-pram
inna di new word hawdah

an is di same ole cain an able sindrome
far more hainshent dan di fall of Rome
but in di new world hawdah a atrocity
is a brand new langwidge a barbarity

mass murdah
narmalize
pogram
rationalize
genocide
sanitize
an di hainshent clan sin
now name etnic clenzin

an so
di killahs a Kigale
mus be sanitary workaz
di butchaz a Butare
mus be sanitary workaz
di savajiz a Shatila
mus be sanitary workaz
di beasts of Boznia
mus be sanitary workaz
pra-pram-pram
inna di new word hawdah

BG

(for Bernie Grant[1] in memoriam 1934–2000)

like a skilled tradesman
yu pave di way
fram di shap floor
to di council chamebah
all di way up to Parlament front door

an den yu entah
as a membah

an wi remembah
di rupshan owevah Tatnam
missis Jarrett awt-attack
(doun a Brixtan Detective Lovelock
shat Cherry Groce in her back)
di rage an di staam
di det af PC Blakelock
braad watah faam

    yu woz wi cheef
    yu woz wi choice
    yu woz wi champian

    yu woz wi face
    yu woz wi voice
    yu woz wi main man

---

1. Guyanese trade unionist and politicain; of the first post-independence Caribbean migrants to be elected as MP for Tottenham, London, from 1987–2000.

an wi remembah
how di press an di res try fi lynch yu
how dem try fi tar an feddah yu
how di haringey massive rally roun yu
how yu mek black peeple feel proud a yu

an wi remembah
how yu bill di unity in yu community
dedicate yuself to yu constituency
brace yu braad back gense bigatri
an stan firm fi justice an equality

> yu woz wi cheef
> yu woz wi choice
> yu woz wi champian

> yu woz wi face
> yu woz wi voice
> yu woz wi main man

dem seh dat if yu goin into pallytics
yu haffi well toff an can tek noff licks
yu woz wi Ali inna him prime
yu jab dem wid yu lef
yu hook dem wid yu rite
an yu tek trute force an beat dem evrytime

now it look like
loudah bells a try fi toll wi tale
but a fi yu precedent agoh prevail
dem noh know how di parson get im gown
but all now mi still a hear fi yu soun

> yu woz wi cheef
> yu woz wi choice
> yu woz wi champian

yu woz wi face
yu woz wi voice
yu woz wi numbah wan

READ MORE IN PENGUIN

In every corner of the world, on every subject under the sun, Penguin represents quality and variety – the very best in publishing today.

For complete information about books available from Penguin – including Puffins, Penguin Classics and Arkana – and how to order them, write to us at the appropriate address below. Please note that for copyright reasons the selection of books varies from country to country.

In the United Kingdom: Please write to *Dept. EP, Penguin Books Ltd, Bath Road, Harmondsworth, West Drayton, Middlesex UB7 0DA*

In the United States: Please write to *Consumer Services, Penguin Putnam Inc., 405 Murray Hill Parkway, East Rutherford, New Jersey 07073-2136.* VISA and MasterCard holders call 1-800-631-8571 to order Penguin titles

In Canada: Please write to *Penguin Books Canada Ltd, 10 Alcorn Avenue, Suite 300, Toronto, Ontario M4V 3B2*

In Australia: Please write to *Penguin Books Australia Ltd, 487 Maroondah Highway, Ringwood, Victoria 3134*

In New Zealand: Please write to *Penguin Books (NZ) Ltd, Private Bag 102902, North Shore Mail Centre, Auckland 10*

In India: Please write to *Penguin Books India Pvt Ltd, 11 Community Centre, Panchsheel Park, New Delhi 110017*

In the Netherlands: Please write to *Penguin Books Netherlands bv, Postbus 3507, NL-1001 AH Amsterdam*

In Germany: Please write to *Penguin Books Deutschland GmbH, Metzlerstrasse 26, 60594 Frankfurt am Main*

In Spain: Please write to *Penguin Books S. A., Bravo Murillo 19, 1°B, 28015 Madrid*

In Italy: Please write to *Penguin Italia s.r.l., Via Vittorio Emanuele 45/a, 20094 Corsico, Milano*

In France: Please write to *Penguin France, 12, Rue Prosper Ferradou, 31700 Blagnac*

In Japan: Please write to *Penguin Books Japan Ltd, Iidabashi KM-Bldg, 2-23-9 Koraku, Bunkyo-Ku, Tokyo 112-0004*

In South Africa: Please write to *Penguin Books South Africa (Pty) Ltd, P.O. Box 751093, Gardenview, 2047 Johannesburg*

READ MORE IN PENGUIN

Published or forthcoming:

Ulysses James Joyce

Written over a seven-year period, from 1914 to 1921, *Ulysses* has survived bowdlerization, legal action and bitter controversy. An undisputed modernist classic, its ceaseless verbal inventiveness and astonishingly wide-ranging allusions confirm its standing as an imperishable monument to the human condition. 'Everybody knows now that *Ulysses* is the greatest novel of the century' Anthony Burgess, *Observer*

Nineteen Eighty-Four George Orwell

Hidden away in the Record Department of the Ministry of Truth, Winston Smith skilfully rewrites the past to suit the needs of the Party. Yet he inwardly rebels against the totalitarian world he lives in, which controls him through the all-seeing eye of Big Brother. 'His final masterpiece . . . *Nineteen Eighty-Four* is enthralling' Timothy Garton Ash, *New York Review of Books*

The Day of the Locust *and* The Dream Life of Balso Snell
Nathanael West

These two novellas demonstrate the fragility of the American dream. In *The Day of the Locust*, talented young artist Todd Hackett has been brought to Hollywood to work in a major studio. He discovers a surreal world of tarnished dreams, where violence and hysteria lurk behind the glittering façade. 'The best of the Hollywood novels, a nightmare vision of humanity destroyed by its obsession with film' J. G. Ballard, *Sunday Times*

The Myth of Sisyphus Albert Camus

The Myth of Sisyphus is one of the most profound philosophical statements written this century. It is a discussion of the central idea of absurdity that Camus was to develop in his novel *The Outsider*. Here Camus poses the fundamental question – Is life worth living? – and movingly argues for an acceptance of reality that encompasses revolt, passion and, above all, liberty.

Published or forthcoming:

Money Martin Amis

John Self, consumer extraordinaire, makes deals, spends wildly and does reckless movie-world business, all the while grabbing everything he can to sate his massive appetites: alcohol, tobacco, pills, junk food and more. This is a tale of life lived without restraint; of money, the terrible things it can do and the disasters it can precipitate. 'Terribly, terminally funny: laughter in the dark, if ever I heard it' *Guardian*

The Big Sleep and Other Novels Raymond Chandler

Raymond Chandler created the fast-talking, trouble-seeking Californian private eye Philip Marlowe for his first great novel, *The Big Sleep*. Marlowe's entanglement with the Sternwood family is the background to a story reflecting all the tarnished glitter of the great American Dream. 'One of the greatest crime writers, who set standards that others still try to attain' *Sunday Times*

In Cold Blood Truman Capote

Controversial and compelling, *In Cold Blood* reconstructs the murder in 1959 of a Kansas farmer, his wife and both their children. The book that made Capote's name is a seminal work of modern prose, a synthesis of journalistic skill and powerfully evocative narrative. 'The American dream turning into the American nightmare ... a remarkable book' *Spectator*

The Town and the City Jack Kerouac

The town is Galloway in New England, birthplace of the five sons and three daughters of the Martin family in the early 1900s. The city is New York, the vast and heaving melting pot which lures them all in search of a future and an identity. Inspired by grief over his father's death, and his own determination to write the Great American Novel, *The Town and the City* is an essential prelude to Jack Kerouac's later classics.

READ MORE IN PENGUIN

Published or forthcoming:

The Diary of a Young Girl Anne Frank

This definitive edition of Anne Frank's diary restores substantial material omitted from the original edition, giving us a deeper insight into her world. 'One of the greatest books of the twentieth century ... If you have never read Anne Frank's diary, or haven't read it for years, this is the edition to buy' *Guardian*

Brideshead Revisited Evelyn Waugh

The most nostalgic of Evelyn Waugh's novels, *Brideshead Revisited* looks back to the golden age before the Second World War. It tells the story of Charles Ryder's infatuation with the Marchmains and the rapidly disappearing world of privilege they inhabit. 'Lush and evocative ... expresses at once the profundity of change and the indomitable endurance of the human spirit' *The Times*

Oranges John McPhee

From Thailand, where the sweetest oranges are as green as emeralds, to Florida oranges so juicy it is said they should be peeled in the bath, the orange exists in bounteous varieties. John McPhee has woven together history, anecdote and science to create a definitive guide to the world of oranges. 'A classic of American reportage. McPhee is quirky, original and intensely curious' Julian Barnes

Wide Sargasso Sea Jean Rhys

Inspired by Charlotte Brontë's *Jane Eyre*, *Wide Sargasso Sea* is set in the lush landscape of Jamaica in the 1830s. Born into an oppressive colonialist society, Creole heiress Antoinette Cosway meets and marries a young Englishman. But as Antoinette becomes caught between his demands and her own precarious sense of belonging, she is eventually driven towards madness.